THIS JOURNAL BELONGS TO:

Zoë♥

DATE: _____

WHAT I ATE TODAY:

BREAKFAST: LUNCH: DINNER:

_____   _____   _____

_____   _____   _____

_____   _____   _____

SNACKS: _____

I DRANK __9__ GLASSES OF WATER TODAY.

I SLEPT __9__ HOURS LAST NIGHT.

SOME OF TODAY'S ACTIVITIES THAT GOT ME MOVING!

Bike
Dancing
Playing with puppy.

TODAY I FELT HAPPY ABOUT: The Parkers

THINGS I CAN WORK ON TOMORROW: Work

Date: _____

WHAT I ATE TODAY:

Breakfast: Lunch: Dinner:

_____   _____   _____

_____   _____   _____

_____   _____   _____

Snacks: _____

I Drank ____ glasses of water today.

I slept ____ hours last night.

Some of today's activities that got me moving!

Today I felt happy about:

Things I can work on tomorrow:

Date: _____

What I ate Today:

Breakfast: Lunch: Dinner:

_____   _____   _____

_____   _____   _____

_____   _____   _____

Snacks: _____

I Drank ____ glasses of water today.

I slept ____ hours last night.

Some of today's activities that got me moving!

Today I felt happy about:

Things I can work on tomorrow:

DATE: _____

WHAT I ATE TODAY:

BREAKFAST: LUNCH: DINNER:

_____ _____ _____

_____ _____ _____

_____ _____ _____

SNACKS: _____

I DRANK _____ GLASSES OF WATER TODAY.

I SLEPT _____ HOURS LAST NIGHT.

SOME OF TODAY'S ACTIVITIES THAT GOT ME MOVING!

TODAY I FELT HAPPY ABOUT:

THINGS I CAN WORK ON TOMORROW:

DATE: _____

WHAT I ATE TODAY:

BREAKFAST: LUNCH: DINNER:

_____   _____   _____

_____   _____   _____

_____   _____   _____

SNACKS: _____

I DRANK ____ GLASSES OF WATER TODAY.

I SLEPT ____ HOURS LAST NIGHT.

SOME OF TODAY'S ACTIVITIES THAT
GOT ME MOVING!

TODAY I FELT HAPPY ABOUT:

THINGS I CAN WORK ON TOMORROW:

Date: _____

WHAT I ATE TODAY:

Breakfast: Lunch: Dinner:

_____   _____   _____

_____   _____   _____

_____   _____   _____

Snacks: _____

I Drank ____ glasses of water today.

I SLEPT ____ HOURS LAST NIGHT.

Some of today's activities that got me moving!

Today I felt happy about:

Things I can work on tomorrow:

Date: _____

What I ate Today:

Breakfast: Lunch: Dinner:

_____   _____   _____

_____   _____   _____

_____   _____   _____

Snacks: _____

I Drank _____ glasses of water today.

I slept _____ hours last night.

Some of today's activities that got me moving!

today I felt happy about:

things I can work on tomorrow:

DATE: _____

What I ate today:

Breakfast: Lunch: Dinner:

_____   _____   _____

_____   _____   _____

_____   _____   _____

Snacks: _____

I Drank ____ glasses of water today.

I slept ____ hours last night.

Some of today's activities that got me moving!

Today I felt happy about:

Things I can work on tomorrow:

Date: _____

What I ate Today:

Breakfast: Lunch: Dinner:

_____   _____   _____

_____   _____   _____

_____   _____   _____

Snacks: _____

I Drank ____ glasses of water today.

I slept ____ hours last night.

Some of today's activities that got me moving!

Today I felt happy about:

Things I can work on tomorrow:

DATE: _____

WHAT I ATE TODAY:

BREAKFAST: LUNCH: DINNER:

_____   _____   _____

_____   _____   _____

_____   _____   _____

SNACKS: _____

I DRANK ____ GLASSES OF WATER TODAY.

I SLEPT ____ HOURS LAST NIGHT.

SOME OF TODAY'S ACTIVITIES THAT GOT ME MOVING!

TODAY I FELT HAPPY ABOUT:

THINGS I CAN WORK ON TOMORROW:

DATE: _____

WHAT I ATE TODAY:

BREAKFAST: LUNCH: DINNER:

_____   _____   _____

_____   _____   _____

_____   _____   _____

SNACKS: _____

I DRANK ____ GLASSES OF WATER TODAY.

I SLEPT ____ HOURS LAST NIGHT.

SOME OF TODAY'S ACTIVITIES THAT GOT ME MOVING!

TODAY I FELT HAPPY ABOUT:

THINGS I CAN WORK ON TOMORROW:

DATE: _____

WHAT I ATE TODAY:

BREAKFAST: LUNCH: DINNER:

_____   _____   _____

_____   _____   _____

_____   _____   _____

SNACKS: _____

I DRANK ____ GLASSES OF WATER TODAY.

I SLEPT ____ HOURS LAST NIGHT.

SOME OF TODAY'S ACTIVITIES THAT
GOT ME MOVING!

TODAY I FELT HAPPY ABOUT:

THINGS I CAN WORK ON TOMORROW:

DATE: _____

WHAT I ATE TODAY:

BREAKFAST: LUNCH: DINNER:

_____   _____   _____

_____   _____   _____

_____   _____   _____

SNACKS: _____

I DRANK ____ GLASSES OF WATER TODAY.

I SLEPT ____ HOURS LAST NIGHT.

SOME OF TODAY'S ACTIVITIES THAT GOT ME MOVING!

TODAY I FELT HAPPY ABOUT:

THINGS I CAN WORK ON TOMORROW:

DATE: _____

WHAT I ATE TODAY:

BREAKFAST: LUNCH: DINNER:

_____   _____   _____

_____   _____   _____

_____   _____   _____

SNACKS: _____

I DRANK ____ GLASSES OF WATER TODAY.

I SLEPT ____ HOURS LAST NIGHT.

SOME OF TODAY'S ACTIVITIES THAT GOT ME MOVING!

TODAY I FELT HAPPY ABOUT:

THINGS I CAN WORK ON TOMORROW:

Date: _____

WHAT I ate today:

Breakfast: Lunch: Dinner:

_____   _____   _____

_____   _____   _____

_____   _____   _____

Snacks: _____

I Drank ____ glasses of water today.

I slept ____ hours last night.

Some of today's activities that got me moving!

Today I felt happy about:

Things I can work on tomorrow:

DATE: _____

WHAT I ATE TODAY:

BREAKFAST: LUNCH: DINNER:

_____   _____   _____

_____   _____   _____

_____   _____   _____

SNACKS: _____

I DRANK ____ GLASSES OF WATER TODAY.

I SLEPT ____ HOURS LAST NIGHT.

SOME OF TODAY'S ACTIVITIES THAT
GOT ME MOVING!

TODAY I FELT HAPPY ABOUT:

THINGS I CAN WORK ON TOMORROW:

DATE: _____

WHAT I ATE TODAY:

BREAKFAST: LUNCH: DINNER:

_____   _____   _____

_____   _____   _____

_____   _____   _____

SNACKS: _____

I DRANK _____ GLASSES OF WATER TODAY.

I SLEPT _____ HOURS LAST NIGHT.

SOME OF TODAY'S ACTIVITIES THAT GOT ME MOVING!

TODAY I FELT HAPPY ABOUT:

THINGS I CAN WORK ON TOMORROW:

Date: _____

WHAT I ATE TODAY:

BREAKFAST: LUNCH: DINNER:

_____ _____ _____

_____ _____ _____

_____ _____ _____

SNACKS: _____

I DRANK ____ GLASSES OF WATER TODAY.

I SLEPT ____ HOURS LAST NIGHT.

SOME OF TODAY'S ACTIVITIES THAT GOT ME MOVING!

TODAY I FELT HAPPY ABOUT:

THINGS I CAN WORK ON TOMORROW:

Date: _____

What I ate Today:

Breakfast:	Lunch:	Dinner:
_____	_____	_____
_____	_____	_____
_____	_____	_____

Snacks: _____

I Drank ____ glasses of water today.

I slept ____ Hours last night.

Some of Today's activities that got me moving!

Today I felt happy about:

Things I can work on tomorrow:

DATE: _____

WHAT I ATE TODAY:

BREAKFAST: LUNCH: DINNER:

_____   _____   _____

_____   _____   _____

_____   _____   _____

SNACKS: _____

I DRANK ____ GLASSES OF WATER TODAY.

I SLEPT ____ HOURS LAST NIGHT.

SOME OF TODAY'S ACTIVITIES THAT GOT ME MOVING!

TODAY I FELT HAPPY ABOUT:

THINGS I CAN WORK ON TOMORROW:

DaTe: _____

WHaT I aTe Today:

Breakfast: Lunch: Dinner:

_____   _____   _____

_____   _____   _____

_____   _____   _____

Snacks: _____

I Drank ____ glasses of water today.

I slepT ____ Hours last nighT.

some of today's activities that got me moving!

today I felt happy about:

things I can work on tomorrow:

DATE: _____

WHAT I ATE TODAY:

BREAKFAST: LUNCH: DINNER:

_____   _____   _____

_____   _____   _____

_____   _____   _____

SNACKS: _____

I DRANK ____ GLASSES OF WATER TODAY.

I SLEPT ____ HOURS LAST NIGHT.

SOME OF TODAY'S ACTIVITIES THAT GOT ME MOVING!

TODAY I FELT HAPPY ABOUT:

THINGS I CAN WORK ON TOMORROW:

DATE: _____

WHAT I ATE TODAY:

BREAKFAST: LUNCH: DINNER:

_____   _____   _____

_____   _____   _____

_____   _____   _____

SNACKS: _____

I DRANK ____ GLASSES OF WATER TODAY.

I SLEPT ____ HOURS LAST NIGHT.

SOME OF TODAY'S ACTIVITIES THAT
GOT ME MOVING!

TODAY I FELT HAPPY ABOUT:

THINGS I CAN WORK ON TOMORROW:

DATE: _____

WHAT I ATE TODAY:

Breakfast: Lunch: Dinner:

_____   _____   _____

_____   _____   _____

_____   _____   _____

Snacks: _____

I Drank ____ glasses of water today.

I slept ____ hours last night.

Some of today's activities that got me moving!

Today I felt happy about:

Things I can work on tomorrow:

DATE: _____

WHAT I ATE TODAY:

BReaKFaST: LUNCH: DiNNeR:

_____   _____   _____

_____   _____   _____

_____   _____   _____

SNACKS: _____

I DRANK _____ GLASSES OF WATER TODAY.

I SLEPT _____ HOURS LAST NIGHT.

SOME OF TODAY'S ACTIVITIES THAT GOT ME MOVING!

TODAY I FELT HAPPY ABOUT:

THINGS I CAN WORK ON TOMORROW:

DATE: _____

WHAT I ATE TODAY:

BREAKFAST: LUNCH: DINNER:

_____   _____   _____

_____   _____   _____

_____   _____   _____

SNACKS: _____

I DRANK ____ GLASSES OF WATER TODAY.

I SLEPT ____ HOURS LAST NIGHT.

SOME OF TODAY'S ACTIVITIES THAT GOT ME MOVING!

TODAY I FELT HAPPY ABOUT:

THINGS I CAN WORK ON TOMORROW:

Date: _____

What I ate Today:

Breakfast: Lunch: Dinner:

_____   _____   _____

_____   _____   _____

_____   _____   _____

Snacks: _____

I Drank _____ glasses of water today.

I slept _____ hours last night.

Some of today's activities that got me moving!

Today I felt happy about:

Things I can work on Tomorrow:

DATE: _____

WHAT I ATE TODAY:

BREAKFAST: LUNCH: DINNER:

_____   _____   _____

_____   _____   _____

_____   _____   _____

SNACKS: _____

I DRANK ____ GLASSES OF WATER TODAY.

I SLEPT ____ HOURS LAST NIGHT.

SOME OF TODAY'S ACTIVITIES THAT GOT ME MOVING!

TODAY I FELT HAPPY ABOUT:

THINGS I CAN WORK ON TOMORROW:

DATE: _____

WHAT I ATE TODAY:

BREAKFAST: LUNCH: DINNER:

_____   _____   _____

_____   _____   _____

_____   _____

SNACKS: _____

I DRANK _____ GLASSES OF WATER TODAY.

I SLEPT _____ HOURS LAST NIGHT.

SOME OF TODAY'S ACTIVITIES THAT
GOT ME MOVING!

TODAY I FELT HAPPY ABOUT:

THINGS I CAN WORK ON TOMORROW:

DATE: _____

WHAT I ATE TODAY:

BREAKFAST: LUNCH: DINNER:

_____   _____   _____

_____   _____   _____

_____   _____   _____

SNACKS: _____

I DRANK _____ GLASSES OF WATER TODAY.

I SLEPT _____ HOURS LAST NIGHT.

SOME OF TODAY'S ACTIVITIES THAT GOT ME MOVING!

TODAY I FELT HAPPY ABOUT:

THINGS I CAN WORK ON TOMORROW:

DATE: _____

WHAT I ATE TODAY:

Breakfast: LUNCH: Dinner:

_____   _____   _____

_____   _____   _____

_____   _____   _____

SNACKS: _____

I Drank _____ glasses of water today.

I SLEPT _____ HOURS LAST NIGHT.

SOME OF TODAY'S ACTIVITIES THAT GOT ME MOVING!

TODAY I FELT HAPPY ABOUT:

THINGS I CAN WORK ON TOMORROW:

DATE: _____

WHAT I ATE TODAY:

BREAKFAST: LUNCH: DINNER:

_____   _____   _____

_____   _____   _____

_____   _____   _____

SNACKS: _____

I DRANK ____ GLASSES OF WATER TODAY.

I SLEPT ____ HOURS LAST NIGHT.

SOME OF TODAY'S ACTIVITIES THAT GOT ME MOVING!

TODAY I FELT HAPPY ABOUT:

THINGS I CAN WORK ON TOMORROW:

DATE: _____

WHAT I ATE TODAY:

BREAKFAST: LUNCH: DINNER:

_____   _____   _____

_____   _____   _____

_____   _____   _____

SNACKS: _____

I DRANK ____ GLASSES OF WATER TODAY.

I SLEPT ____ HOURS LAST NIGHT.

SOME OF TODAY'S ACTIVITIES THAT
GOT ME MOVING!

TODAY I FELT HAPPY ABOUT:

THINGS I CAN WORK ON TOMORROW:

DATE: _____

WHAT I ATE TODAY:

BREAKFAST: LUNCH: DINNER:

_____   _____   _____

_____   _____   _____

_____   _____   _____

SNACKS: _____

I DRANK _____ GLASSES OF WATER TODAY.

I SLEPT _____ HOURS LAST NIGHT.

SOME OF TODAY'S ACTIVITIES THAT GOT ME MOVING!

TODAY I FELT HAPPY ABOUT:

THINGS I CAN WORK ON TOMORROW:

Date: _____

what I ate today:

Breakfast: Lunch: Dinner:

_____   _____   _____

_____   _____   _____

_____   _____   _____

Snacks: _____

I Drank ____ glasses of water today.

I slept ____ hours last night.

some of today's activities that got me moving!

today I felt happy about:

things I can work on tomorrow:

DATE: _____

WHAT I ATE TODAY:

BREAKFAST: LUNCH: DINNER:

_____   _____   _____

_____   _____   _____

_____   _____   _____

SNACKS: _____

I DRANK ____ GLASSES OF WATER TODAY.

I SLEPT ____ HOURS LAST NIGHT.

SOME OF TODAY'S ACTIVITIES THAT GOT ME MOVING!

TODAY I FELT HAPPY ABOUT:

THINGS I CAN WORK ON TOMORROW:

DATE: _____

WHAT I ATE TODAY:

BREAKFAST: LUNCH: DINNER:

_____   _____   _____

_____   _____   _____

_____   _____   _____

SNACKS: _____

I DRANK ____ GLASSES OF WATER TODAY.

I SLEPT ____ HOURS LAST NIGHT.

SOME OF TODAY'S ACTIVITIES THAT
GOT ME MOVING!

TODAY I FELT HAPPY ABOUT:

THINGS I CAN WORK ON TOMORROW:

DATE: _____

WHAT I ATE TODAY:

BREAKFAST: LUNCH: DINNER:

_____   _____   _____

_____   _____   _____

_____   _____   _____

SNACKS: _____

I DRANK ____ GLASSES OF WATER TODAY.

I SLEPT ____ HOURS LAST NIGHT.

SOME OF TODAY'S ACTIVITIES THAT GOT ME MOVING!

TODAY I FELT HAPPY ABOUT:

THINGS I CAN WORK ON TOMORROW:

Date: _____

WHaT I aTe Today:

Breakfast: Lunch: Dinner:

_____   _____   _____

_____   _____   _____

_____   _____   _____

Snacks: _____

I Drank ____ glasses of water today.

I slept ____ Hours Last night.

Some of today's activities that got me moving!

Today I felt Happy about:

Things I can work on Tomorrow:

DATE: _____

WHAT I ATE TODAY:

BREAKFAST: LUNCH: DINNER:

_____   _____   _____

_____   _____   _____

_____   _____   _____

SNACKS: _____

I DRANK ____ GLASSES OF WATER TODAY.

I SLEPT ____ HOURS LAST NIGHT.

SOME OF TODAY'S ACTIVITIES THAT GOT ME MOVING!

TODAY I FELT HAPPY ABOUT:

THINGS I CAN WORK ON TOMORROW:

DaTe: _____

WHaT I aTe ToDay:

BreakFasT: LUNCH: DINNer:

_____   _____   _____

_____   _____   _____

_____   _____   _____

SNaCKS: _____

I Drank _____ glasses oF WaTer ToDay.

I SLePT _____ HOUrs LasT NigHT.

some OF ToDay's aCTIVITIes THaT gOT me mOVIng!

ToDay I FeLT HaPPy aboUT:

THINgs I can WOrk On TOmOrrOW:

DATE: _____

WHAT I ATE TODAY:

BREAKFAST: LUNCH: DINNER:

_____   _____   _____

_____   _____   _____

_____   _____   _____

SNACKS: _____

I DRANK ____ GLASSES OF WATER TODAY.

I SLEPT ____ HOURS LAST NIGHT.

SOME OF TODAY'S ACTIVITIES THAT GOT ME MOVING!

TODAY I FELT HAPPY ABOUT:

THINGS I CAN WORK ON TOMORROW:

DATE: _____

What I ate Today:

Breakfast: Lunch: Dinner:

_____   _____   _____

_____   _____   _____

_____   _____   _____

Snacks: _____

I Drank ____ glasses of water today.

⬜ ⬜ ⬜ ⬜ ⬜ ⬜ ⬜ ⬜

I slept ____ Hours Last Night.

Some of Today's activities that got Me Moving!

Today I Felt Happy about:

Things I can work on Tomorrow:

Date: _____

What I ate Today:

Breakfast: Lunch: Dinner:

_____   _____   _____

_____   _____   _____

_____   _____   _____

Snacks: _____

I drank ____ glasses of water today.

I slept ____ hours last night.

Some of today's activities that got me moving!

Today I felt happy about:

Things I can work on tomorrow:

DATE: _____

What I ate today:

BREAKFAST: LUNCH: DINNER:

_____   _____   _____

_____   _____   _____

_____   _____   _____

SNACKS: _____

I Drank ____ glasses of water today.

I SLEPT ____ Hours LAST NIGHT.

Some of today's activities that
got me moving!

Today I FELT Happy about:

Things I can work on tomorrow:

DATE: _____

What I ate today:

Breakfast: Lunch: Dinner:

_____   _____   _____

_____   _____   _____

_____   _____   _____

Snacks: _____

I Drank ____ glasses of water today.

I slept ____ Hours last night.

Some of today's activities that got me moving!

Today I felt Happy about:

Things I can work on Tomorrow:

DATE: _____

WHAT I ATE TODAY:

BREAKFAST: LUNCH: DINNER:

_____   _____   _____

_____   _____   _____

_____   _____   _____

SNACKS: _____

I DRANK _____ GLASSES OF WATER TODAY.

I SLEPT _____ HOURS LAST NIGHT.

SOME OF TODAY'S ACTIVITIES THAT
GOT ME MOVING!

TODAY I FELT HAPPY ABOUT:

THINGS I CAN WORK ON TOMORROW:

Date: _____

WHAT I ATE TODAY:

Breakfast: Lunch: Dinner:

_____   _____   _____

_____   _____   _____

_____   _____   _____

Snacks: _____

I Drank ____ glasses of water today.

I slept ____ Hours last night.

Some of today's activities that got me moving!

Today I felt Happy about:

Things I can work on tomorrow:

DATE: _____

WHAT I ATE TODAY:

BREAKFAST: LUNCH: DINNER:

_____   _____   _____

_____   _____   _____

_____   _____   _____

SNACKS: _____

I DRANK _____ GLASSES OF WATER TODAY.

I SLEPT _____ HOURS LAST NIGHT.

SOME OF TODAY'S ACTIVITIES THAT GOT ME MOVING!

TODAY I FELT HAPPY ABOUT:

THINGS I CAN WORK ON TOMORROW:

DATE: _____

WHAT I ATE TODAY:

BREAKFAST: LUNCH: DINNER:

_____   _____   _____

_____   _____   _____

_____   _____   _____

SNACKS: _____

I DRANK _____ GLASSES OF WATER TODAY.

I SLEPT _____ HOURS LAST NIGHT.

SOME OF TODAY'S ACTIVITIES THAT GOT ME MOVING!

TODAY I FELT HAPPY ABOUT:

THINGS I CAN WORK ON TOMORROW:

DATE: _____

WHAT I ATE TODAY:

BREAKFAST: LUNCH: DINNER:

_____   _____   _____

_____   _____   _____

_____   _____   _____

SNACKS: _____

I DRANK _____ GLASSES OF WATER TODAY.

I SLEPT _____ HOURS LAST NIGHT.

SOME OF TODAY'S ACTIVITIES THAT GOT ME MOVING!

TODAY I FELT HAPPY ABOUT:

THINGS I CAN WORK ON TOMORROW:

DATE: _____

WHAT I ATE TODAY:

BREAKFAST: LUNCH: DINNER:

_____   _____   _____

_____   _____   _____

_____   _____   _____

SNACKS: _____

I DRANK ____ GLASSES OF WATER TODAY.

I SLEPT ____ HOURS LAST NIGHT.

SOME OF TODAY'S ACTIVITIES THAT GOT ME MOVING!

TODAY I FELT HAPPY ABOUT:

THINGS I CAN WORK ON TOMORROW:

Date: _____

WHAT I ate Today:

Breakfast: Lunch: Dinner:

_____   _____   _____

_____   _____   _____

_____   _____   _____

Snacks: _____

I Drank _____ glasses of water today.

I slept _____ hours last night.

Some of today's activities that got me moving!

Today I felt happy about:

Things I can work on tomorrow:

DATE: _____

WHAT I ATE TODAY:
BREAKFAST: LUNCH: DINNER:

_____   _____   _____

_____   _____   _____

_____   _____   _____

SNACKS: _____

I DRANK ____ GLASSES OF WATER TODAY.

I SLEPT ____ HOURS LAST NIGHT.

SOME OF TODAY'S ACTIVITIES THAT
GOT ME MOVING!

TODAY I FELT HAPPY ABOUT:

THINGS I CAN WORK ON TOMORROW:

DATE: _____

WHAT I ATE TODAY:

Breakfast: Lunch: Dinner:

_____   _____   _____

_____   _____   _____

_____   _____   _____

SNACKS: _____

I DRANK ____ GLASSES OF WATER TODAY.

I SLEPT ____ HOURS LAST NIGHT.

SOME OF TODAY'S ACTIVITIES THAT GOT ME MOVING!

TODAY I FELT HAPPY ABOUT:

THINGS I CAN WORK ON TOMORROW:

DATE: _____

WHAT I ATE TODAY:

BREAKFAST: LUNCH: DINNER:

_____   _____   _____

_____   _____   _____

_____   _____   _____

SNACKS: _____

I DRANK ____ GLASSES OF WATER TODAY.

I SLEPT ____ HOURS LAST NIGHT.

SOME OF TODAY'S ACTIVITIES THAT
GOT ME MOVING!

TODAY I FELT HAPPY ABOUT:

THINGS I CAN WORK ON TOMORROW:

Date: _____

what i ate today:

Breakfast: Lunch: Dinner:

_____   _____   _____

_____   _____   _____

_____   _____   _____

snacks: _____

I Drank _____ glasses of water today.

I slept _____ hours last night.

some of today's activities that got me moving!

Today I felt happy about:

Things I can work on tomorrow:

DATE: _____

WHAT I ATE TODAY:

Breakfast: Lunch: Dinner:

_____   _____   _____

_____   _____   _____

_____   _____   _____

Snacks: _____

I drank ____ glasses of water today.

I slept ____ hours last night.

Some of today's activities that got me moving!

Today I felt happy about:

Things I can work on tomorrow:

DaTE: _____

WHaT I aTe Today:

BreakFasT: LuncH: Dinner:

_____   _____   _____

_____   _____   _____

_____   _____   _____

SnackS: _____

I Drank ____ glasses oF waTer Today.

I SLePT ____ Hours LasT NigHT.

Some oF Today's acTiviTies THaT goT Me Moving!

Today I FeLT HaPPy abouT:

THings I can work on ToMorrow:

Date: _____

WHAT I ATE TODAY:

Breakfast: Lunch: Dinner:

_____   _____   _____

_____   _____   _____

_____   _____   _____

Snacks: _____

I Drank ____ glasses of water today.

I slept ____ hours last night.

Some of today's activities that got me moving!

Today I felt happy about:

Things I can work on tomorrow:

DATE: _____

WHAT I ATE TODAY:

BREAKFAST: LUNCH: DINNER:

_____   _____   _____

_____   _____   _____

_____   _____   _____

SNACKS: _____

I DRANK ____ GLASSES OF WATER TODAY.

I SLEPT ____ HOURS LAST NIGHT.

SOME OF TODAY'S ACTIVITIES THAT GOT ME MOVING!

TODAY I FELT HAPPY ABOUT:

THINGS I CAN WORK ON TOMORROW:

DATE: _____

WHAT I ATE TODAY:

BREAKFAST: LUNCH: DINNER:

_____   _____   _____

_____   _____   _____

_____   _____   _____

SNACKS: _____

I DRANK ____ GLASSES OF WATER TODAY.

I SLEPT ____ HOURS LAST NIGHT.

SOME OF TODAY'S ACTIVITIES THAT
GOT ME MOVING!

TODAY I FELT HAPPY ABOUT:

THINGS I CAN WORK ON TOMORROW:

DATE: _____

WHAT I ATE TODAY:

BREAKFAST: LUNCH: DINNER:

_____   _____   _____

_____   _____   _____

_____   _____   _____

SNACKS: _____

I Drank ____ glasses of water today.

I slept ____ Hours Last Night.

SOME OF TODAY'S ACTIVITIES THAT GOT ME MOVING!

TODAY I FELT HAPPY ABOUT:

THINGS I CAN WORK ON TOMORROW:

DATE: _____

WHAT I ATE TODAY:

Breakfast: LUNCH: Dinner:

_____   _____   _____

_____   _____   _____

_____   _____   _____

SNACKS: _____

I Drank ____ glasses of water today.

I SLEPT ____ Hours LAST NiGHT.

some of today's activities that got me moving!

TODAY I FELT HAPPY about:

THiNGS I CAN WORK ON TOMORROW:

Date: _____

WHaT I aTe Today:

Breakfast: LuNch: DiNNer:

_____   _____   _____

_____   _____   _____

_____   _____   _____

SNacks: _____

I Drank ____ glasses of waTer Today.

I slepT ____ Hours LasT NIgHT.

Some of Today's acTIvITIes THaT goT Me MovINg!

Today I felT HappY abouT:

THINgs I can work on Tomorrow:

DaTe: _____

WHaT I aTe TODay:

BreaKFaST: LuNCH: DiNNer:

_____   _____   _____

_____   _____   _____

_____   _____   _____

SNaCKS: _____

I DraNK _____ GLaSSeS OF WaTer TODay.

I SLePT _____ HOurS LaST NiGHT.

SOMe OF TODay'S aCTiViTieS THaT GOT Me MOViNG!

TODay I FeLT HaPPy abOuT:

THiNGS I CaN WOrK ON TOMOrrOW:

DATE: _____

WHAT I ATE TODAY:

BREAKFAST: LUNCH: DINNER:

_____   _____   _____

_____   _____   _____

_____   _____   _____

SNACKS: _____

I DRANK ____ GLASSES OF WATER TODAY.

I SLEPT ____ HOURS LAST NIGHT.

SOME OF TODAY'S ACTIVITIES THAT GOT ME MOVING!

TODAY I FELT HAPPY ABOUT:

THINGS I CAN WORK ON TOMORROW:

DaTe: _____

What I aTe Today:

Breakfast: Lunch: Dinner:

_____   _____   _____

_____   _____   _____

_____   _____   _____

Snacks: _____

I Drank _____ Glasses of Water Today.

I SLePT _____ Hours LasT NiGHT.

Some of Today's activities That
GoT Me Moving!

Today I FeLT Happy about:

THings I can Work on Tomorrow:

DATE: _____

WHAT I ATE TODAY:

BREAKFAST: LUNCH: DINNER:

_____   _____   _____

_____   _____   _____

_____   _____   _____

SNACKS: _____

I DRANK ____ GLASSES OF WATER TODAY.

I SLEPT ____ HOURS LAST NIGHT.

SOME OF TODAY'S ACTIVITIES THAT GOT ME MOVING!

TODAY I FELT HAPPY ABOUT:

THINGS I CAN WORK ON TOMORROW:

DATE: _____

WHAT I ATE TODAY:

Breakfast:	Lunch:	Dinner:
_____	_____	_____
_____	_____	_____
_____	_____	_____

SNACKS: _____

I DRANK ____ GLASSES OF WATER TODAY.

I SLEPT ____ HOURS LAST NIGHT.

SOME OF TODAY'S ACTIVITIES THAT GOT ME MOVING!

TODAY I FELT HAPPY ABOUT:

THINGS I CAN WORK ON TOMORROW:

DATE: _____

WHAT I ATE TODAY:

Breakfast: Lunch: Dinner:

_____   _____   _____

_____   _____   _____

_____   _____   _____

Snacks: _____

I Drank ____ glasses of water today.

I slept ____ hours last night.

some of today's activities that got me moving!

today I felt happy about:

things I can work on tomorrow:

Date: _____

WHAT I ate Today:

Breakfast: Lunch: Dinner:

_____   _____   _____

_____   _____   _____

_____   _____   _____

Snacks: _____

I Drank ____ glasses of water today.

I slept ____ Hours Last Night.

some of today's activities that got me moving!

Today I Felt Happy about:

Things I can work on tomorrow:

DaTe: _____

WHaT I aTe TODaY:

BreakfasT: Lunch: Dinner:

_____   _____   _____

_____   _____   _____

_____   _____   _____

SNacKS: _____

I DranK ____ glasses OF WaTer TODaY.

⊔ ⊔ ⊔ ⊔ ⊔ ⊔ ⊔ ⊔

I SLePT ____ HOurs LasT NiGHT.

SOMe OF TODaY'S aCTIVITIes THaT
GOT Me MOVING!

TODaY I FeLT HaPPY aBOuT:

THINGS I can WOrK ON TOMOrrOW:

DATE: _____

WHAT I ATE TODAY:

BREAKFAST: LUNCH: DINNER:

_____   _____   _____

_____   _____   _____

_____   _____   _____

SNACKS: _____

I DRANK ____ GLASSES OF WATER TODAY.

I SLEPT ____ HOURS LAST NIGHT.

SOME OF TODAY'S ACTIVITIES THAT GOT ME MOVING!

TODAY I FELT HAPPY ABOUT:

THINGS I CAN WORK ON TOMORROW:

DATE: _____

WHAT I ATE TODAY:

BREAKFAST: LUNCH: DINNER:

_____   _____   _____

_____   _____   _____

_____   _____   _____

SNACKS: _____

I DRANK ____ GLASSES OF WATER TODAY.

I SLEPT ____ HOURS LAST NIGHT.

SOME OF TODAY'S ACTIVITIES THAT
GOT ME MOVING!

TODAY I FELT HAPPY ABOUT:

THINGS I CAN WORK ON TOMORROW:

DATE: _____

What I ate Today:

Breakfast: Lunch: Dinner:

_____   _____   _____

_____   _____   _____

_____   _____   _____

Snacks: _____

I Drank ____ glasses of water Today.

I slept ____ Hours Last Night.

Some of Today's activities That got Me Moving!

Today I felt Happy about:

Things I can Work on Tomorrow:

DATE: _____

WHAT I ATE TODAY:

BREAKFAST:　　　　LUNCH:　　　　DINNER:

_____　　　_____　　　_____

_____　　　_____　　　_____

_____　　　_____　　　_____

SNACKS: _____

I DRANK ____ GLASSES OF WATER TODAY.

I SLEPT ____ HOURS LAST NIGHT.

SOME OF TODAY'S ACTIVITIES THAT GOT ME MOVING!

TODAY I FELT HAPPY ABOUT:

THINGS I CAN WORK ON TOMORROW:

Date: _____

What I ate Today:

Breakfast:	Lunch:	Dinner:
_____	_____	_____
_____	_____	_____
_____	_____	_____

Snacks: _____

I Drank ____ glasses of water Today.

I slept ____ Hours Last Night.

Some of Today's activities That got Me Moving!

Today I Felt Happy about:

Things I can work on Tomorrow:

DaTe: _____

WHaT I aTe TODaY:

BreakFasT: LUNCH: DiNNer:

_____   _____   _____

_____   _____   _____

_____   _____   _____

SNaCKS: _____

I Drank ____ Glasses OF WaTer TODaY.

I SLePT ____ HOUrs LasT NiGHT.

Some OF TODaY's aCTiViTies THaT GOT Me MOViNG!

TODaY I FeLT HaPPY abOUT:

THiNGs I CaN WOrk ON TOMOrrOW:

DATE: _____

WHAT I ATE TODAY:

BREAKFAST: LUNCH: DINNER:

_____   _____   _____

_____   _____   _____

_____   _____   _____

SNACKS: _____

I Drank _____ glasses of water today.

I SLEPT _____ Hours Last NiGHT.

SOME OF TODAY'S ACTIVITIES THAT GOT ME MOVING!

TODAY I FELT HAPPY ABOUT:

THINGS I CAN WORK ON TOMORROW:

DATE: _____

WHAT I ATE TODAY:

BREAKFAST: LUNCH: DINNER:

_____   _____   _____

_____   _____   _____

_____   _____   _____

SNACKS: _____

I DRANK ____ GLASSES OF WATER TODAY.

I SLEPT ____ HOURS LAST NIGHT.

SOME OF TODAY'S ACTIVITIES THAT
GOT ME MOVING!

TODAY I FELT HAPPY ABOUT:

THINGS I CAN WORK ON TOMORROW:

Date: _____

WHAT I ATE TODAY:

BreakFast: Lunch: Dinner:

_____   _____   _____

_____   _____   _____

_____   _____   _____

SNACKS: _____

I Drank ____ glasses OF WATER TODAY.

I SLEPT ____ HOUrS LAST NIGHT.

SOME OF TODAY'S ACTIVITIES THAT GOT ME MOVING!

TODAY I FELT HAPPY ABOUT:

THINGS I CAN WORK ON TOMORROW:

Date: _____

WHAT I ATE TODAY:

Breakfast: Lunch: Dinner:

_____   _____   _____

_____   _____   _____

_____   _____   _____

Snacks: _____

I Drank ____ Glasses of water today.

I slept ____ Hours Last Night.

Some of today's activities that got me moving!

Today I felt Happy about:

Things I can work on tomorrow:

DaTe: _____

WHaT I aTe Today:

BreakFasT: LunCH: Dinner:

_____   _____   _____

_____   _____   _____

_____   _____   _____

SNaCKS: _____

I Drank _____ glasses oF WaTer Today.

I SLePT _____ HourS LasT NigHT.

Some oF Today's aCTiviTies THaT goT Me Moving!

Today I FeLT HaPPy abouT:

THingS I Can Work on Tomorrow:

DATE: _____

WHAT I ATE TODAY:

BREAKFAST: LUNCH: DINNER:

_____   _____   _____

_____   _____   _____

_____   _____   _____

SNACKS: _____

I DRANK _____ GLASSES OF WATER TODAY.

I SLEPT _____ HOURS LAST NIGHT.

SOME OF TODAY'S ACTIVITIES THAT GOT ME MOVING!

TODAY I FELT HAPPY ABOUT:

THINGS I CAN WORK ON TOMORROW:

DATE: _____

WHAT I ATE TODAY:

BREAKFAST: LUNCH: DINNER:

_____   _____   _____

_____   _____   _____

_____   _____   _____

SNACKS: _____

I DRANK ____ GLASSES OF WATER TODAY.

I SLEPT ____ HOURS LAST NIGHT.

SOME OF TODAY'S ACTIVITIES THAT
GOT ME MOVING!

TODAY I FELT HAPPY ABOUT:

THINGS I CAN WORK ON TOMORROW:

DATE: _____

WHAT I ATE TODAY:

BREAKFAST: LUNCH: DINNER:

_____   _____   _____

_____   _____   _____

_____   _____   _____

SNACKS: _____

I DRANK _____ GLASSES OF WATER TODAY.

I SLEPT _____ HOURS LAST NIGHT.

SOME OF TODAY'S ACTIVITIES THAT GOT ME MOVING!

TODAY I FELT HAPPY ABOUT:

THINGS I CAN WORK ON TOMORROW:

DATE: _____

WHAT I ATE TODAY:
BREAKFAST: LUNCH: DINNER:

_____   _____   _____

_____   _____   _____

_____   _____   _____

SNACKS: _____

I DRANK ____ GLASSES OF WATER TODAY.

I SLEPT ____ HOURS LAST NIGHT.

SOME OF TODAY'S ACTIVITIES THAT
GOT ME MOVING!

TODAY I FELT HAPPY ABOUT:

THINGS I CAN WORK ON TOMORROW:

DaTe: _____

WHaT I aTe TODay:

Breakfast: Lunch: Dinner:

_____   _____   _____

_____   _____   _____

_____   _____   _____

snacks: _____

I Drank ____ glasses OF WaTer TODay.

I SLePT ____ HOurs LaST NiGHT.

some OF TODay's acTiviTies THaT
goT Me MOving!

TODay I FeLT HaPPy abOuT:

THings I can WOrk On TOmOrrOW:

DATE: _____

WHAT I ATE TODAY:

BREAKFAST: LUNCH: DINNER:

_____   _____   _____

_____   _____   _____

_____   _____   _____

SNACKS: _____

I DRANK ____ GLASSES OF WATER TODAY.

I SLEPT ____ HOURS LAST NIGHT.

SOME OF TODAY'S ACTIVITIES THAT GOT ME MOVING!

TODAY I FELT HAPPY ABOUT:

THINGS I CAN WORK ON TOMORROW:

DATE: _____

WHAT I ATE TODAY:

BREAKFAST: LUNCH: DINNER:

_____   _____   _____

_____   _____   _____

_____   _____   _____

SNACKS: _____

I DRANK ____ GLASSES OF WATER TODAY.

I SLEPT ____ HOURS LAST NIGHT.

SOME OF TODAY'S ACTIVITIES THAT
GOT ME MOVING!

TODAY I FELT HAPPY ABOUT:

THINGS I CAN WORK ON TOMORROW:

DATE: _____

WHAT I ATE TODAY:

BREAKFAST: LUNCH: DINNER:

_____   _____   _____

_____   _____   _____

_____   _____   _____

SNACKS: _____

I DRANK _____ GLASSES OF WATER TODAY.

I SLEPT _____ HOURS LAST NIGHT.

SOME OF TODAY'S ACTIVITIES THAT GOT ME MOVING!

TODAY I FELT HAPPY ABOUT:

THINGS I CAN WORK ON TOMORROW:

DATE: _____

WHAT I ATE TODAY:

Breakfast: Lunch: Dinner:

_____   _____   _____

_____   _____   _____

_____   _____   _____

Snacks: _____

I Drank ____ glasses of water today.

I slept ____ hours last night.

Some of today's activities that got me moving!

Today I felt Happy about:

Things I can work on tomorrow:

DATE: _____

WHAT I ATE TODAY:

Breakfast: Lunch: Dinner:

_____   _____   _____

_____   _____   _____

_____   _____   _____

Snacks: _____

I Drank ____ glasses of water Today.

I slept ____ Hours Last Night.

some of today's activities that got me moving!

Today I felt Happy about:

Things I can work on Tomorrow:

DATE: _____

WHAT I ATE TODAY:

BREAKFAST: LUNCH: DINNER:

_____   _____   _____

_____   _____   _____

_____   _____   _____

SNACKS: _____

I DRANK _____ GLASSES OF WATER TODAY.

I SLEPT _____ HOURS LAST NIGHT.

SOME OF TODAY'S ACTIVITIES THAT GOT ME MOVING!

TODAY I FELT HAPPY ABOUT:

THINGS I CAN WORK ON TOMORROW:

Date: _____

What I ate Today:

Breakfast:	Lunch:	Dinner:
_____	_____	_____
_____	_____	_____
_____	_____	_____

Snacks: _____

I Drank ____ glasses of water today.

🥛 🥛 🥛 🥛 🥛 🥛 🥛 🥛

I slept ____ hours last night.

Some of today's activities that got me moving!

Today I felt happy about:

Things I can work on tomorrow:

DATE: _____

WHAT I ATE TODAY:

BREAKFAST: LUNCH: DINNER:

_____   _____   _____

_____   _____   _____

_____   _____   _____

SNACKS: _____

I DRANK ____ GLASSES OF WATER TODAY.

I SLEPT ____ HOURS LAST NIGHT.

SOME OF TODAY'S ACTIVITIES THAT GOT ME MOVING!

TODAY I FELT HAPPY ABOUT:

THINGS I CAN WORK ON TOMORROW:

DATE: _____

WHAT I ATE TODAY:

BREAKFAST: LUNCH: DINNER:

_____   _____   _____

_____   _____   _____

_____   _____   _____

SNACKS: _____

I DRANK ____ GLASSES OF WATER TODAY.

I SLEPT ____ HOURS LAST NIGHT.

SOME OF TODAY'S ACTIVITIES THAT GOT ME MOVING!

TODAY I FELT HAPPY ABOUT:

THINGS I CAN WORK ON TOMORROW:

DATE: _____

WHAT I ATE TODAY:

BREAKFAST: LUNCH: DINNER:

SNACKS: _____

I DRANK ____ GLASSES OF WATER TODAY.

I SLEPT ____ HOURS LAST NIGHT.

SOME OF TODAY'S ACTIVITIES THAT GOT ME MOVING!

TODAY I FELT HAPPY ABOUT:

THINGS I CAN WORK ON TOMORROW:

DATE: _____

WHAT I ATE TODAY:

BREAKFAST: LUNCH: DINNER:

_____   _____   _____

_____   _____   _____

_____   _____   _____

SNACKS: _____

I DRANK ____ GLASSES OF WATER TODAY.

⬜ ⬜ ⬜ ⬜ ⬜ ⬜ ⬜ ⬜

I SLEPT ____ HOURS LAST NIGHT.

SOME OF TODAY'S ACTIVITIES THAT GOT ME MOVING!

TODAY I FELT HAPPY ABOUT:

THINGS I CAN WORK ON TOMORROW:

DaTe: _____

WHaT I aTe Today:

Breakfast: **Lunch:**   **Dinner:**

_____   _____   _____

_____   _____   _____

_____   _____   _____

Snacks: _____

I Drank ____ glasses of water today.

I slept ____ Hours last night.

some of today's activities that got me moving!

Today I felt Happy about:

THings I can work on Tomorrow:

Date: _____

What I ate Today:

Breakfast:	Lunch:	Dinner:
_____	_____	_____
_____	_____	_____
_____	_____	_____

Snacks: _____

I Drank ____ glasses of water today.

I slept ____ hours last night.

Some of today's activities that got me moving!

Today I felt happy about:

Things I can work on tomorrow:

DaTe: _____

WHaT I aTe TODaY:

BreakFasT: LuNcH: DiNNer:

_____   _____   _____

_____   _____   _____

_____   _____   _____

SNacKS: _____

I DraNK _____ GLaSSES OF WaTer TODaY.

I SLePT _____ HOUrS LaST NiGHT.

SOME OF TODaY'S acTiViTieS THaT GOT ME MOViNG!

TODaY I FeLT HaPPY aBOUT:

THiNGS I caN WOrK ON TOMOrrOW:

DATE: _____

What I ate Today:

Breakfast:	Lunch:	Dinner:
_____	_____	_____
_____	_____	_____
_____	_____	_____

SNACKS: _____

I Drank ____ glasses of water today.

I slept ____ hours last night.

Some of today's activities that got me moving!

Today I felt happy about:

Things I can work on tomorrow:

DATE: _____

WHAT I ATE TODAY:

BREAKFAST: LUNCH: DINNER:

_____   _____   _____

_____   _____   _____

_____   _____   _____

SNACKS: _____

I DRANK ____ GLASSES OF WATER TODAY.

I SLEPT ____ HOURS LAST NIGHT.

SOME OF TODAY'S ACTIVITIES THAT
GOT ME MOVING!

TODAY I FELT HAPPY ABOUT:

THINGS I CAN WORK ON TOMORROW:

DATE: _____

WHAT I ATE TODAY:

BREAKFAST:	LUNCH:	DINNER:
_____	_____	_____
_____	_____	_____
_____	_____	_____

SNACKS: _____

I DRANK ____ GLASSES OF WATER TODAY.

I SLEPT ____ HOURS LAST NIGHT.

SOME OF TODAY'S ACTIVITIES THAT GOT ME MOVING!

TODAY I FELT HAPPY ABOUT:

THINGS I CAN WORK ON TOMORROW:

Date: _____

What I Ate Today:

Breakfast: **Lunch:**   **Dinner:**

_____   _____   _____

_____   _____   _____

_____   _____   _____

Snacks: _____

I Drank ____ Glasses of Water Today.

I Slept ____ Hours Last Night.

Some of Today's Activities That Got Me Moving!

Today I Felt Happy About:

Things I Can Work On Tomorrow:

DATE: _____

WHAT I ATE TODAY:
BREAKFAST: LUNCH: DINNER:

_____   _____   _____

_____   _____   _____

_____   _____   _____

SNACKS: _____

I DRANK ____ GLASSES OF WATER TODAY.

I SLEPT ____ HOURS LAST NIGHT.

SOME OF TODAY'S ACTIVITIES THAT
GOT ME MOVING!

TODAY I FELT HAPPY ABOUT:

THINGS I CAN WORK ON TOMORROW:

DATE: _____

WHAT I ATE TODAY:

BREAKFAST: LUNCH: DINNER:

_____   _____   _____

_____   _____   _____

_____   _____   _____

SNACKS: _____

I DRANK ____ GLASSES OF WATER TODAY.

I SLEPT ____ HOURS LAST NIGHT.

SOME OF TODAY'S ACTIVITIES THAT GOT ME MOVING!

TODAY I FELT HAPPY ABOUT:

THINGS I CAN WORK ON TOMORROW:

Date: _____

What I ate today:

Breakfast: Lunch: Dinner:

_____   _____   _____

_____   _____   _____

_____   _____   _____

Snacks: _____

I Drank ____ glasses of water today.

I slept ____ Hours last Night.

Some of today's activities that
got me moving!

Today I felt Happy about:

Things I can work on tomorrow:

Date: _____

WHAT I ATE TODAY:

Breakfast: Lunch: Dinner:

_____   _____   _____

_____   _____   _____

_____   _____   _____

SNACKS: _____

I Drank ____ glasses of water today.

I SLEPT ____ Hours LAST NIGHT.

some of today's activities that got me moving!

today I felt Happy about:

THINGS I CAN WORK ON TOMORROW:

DATE: _____

What I ate Today:

Breakfast: Lunch: Dinner:

_____   _____   _____

_____   _____   _____

_____   _____   _____

Snacks: _____

I Drank _____ glasses of water today.

I Slept _____ Hours Last Night.

Some of today's activities that got me moving!

Today I felt Happy about:

Things I can work on tomorrow:

DATE: _____

WHAT I ATE TODAY:

BREAKFAST: **LUNCH:**   **DINNER:**

_____   _____   _____

_____   _____   _____

_____   _____   _____

SNACKS: _____

I DRANK _____ GLASSES OF WATER TODAY.

I SLEPT _____ HOURS LAST NIGHT.

SOME OF TODAY'S ACTIVITIES THAT GOT ME MOVING!

TODAY I FELT HAPPY ABOUT:

THINGS I CAN WORK ON TOMORROW:

DATE: _____

WHAT I ATE TODAY:

BREAKFAST: LUNCH: DINNER:

_____   _____   _____

_____   _____   _____

_____   _____   _____

SNACKS: _____

I DRANK ____ GLASSES OF WATER TODAY.

I SLEPT ____ HOURS LAST NIGHT.

SOME OF TODAY'S ACTIVITIES THAT
GOT ME MOVING!

TODAY I FELT HAPPY ABOUT:

THINGS I CAN WORK ON TOMORROW:

DATE: _____

WHAT I ATE TODAY:

BREAKFAST: LUNCH: DINNER:

_____   _____   _____

_____   _____   _____

_____   _____   _____

SNACKS: _____

I DRANK ____ GLASSES OF WATER TODAY.

I SLEPT ____ HOURS LAST NIGHT.

SOME OF TODAY'S ACTIVITIES THAT GOT ME MOVING!

TODAY I FELT HAPPY ABOUT:

THINGS I CAN WORK ON TOMORROW:

DATE: _____

WHAT I ATE TODAY:

BREAKFAST: LUNCH: DINNER:

_____   _____   _____

_____   _____   _____

_____   _____   _____

SNACKS: _____

I DRANK ____ GLASSES OF WATER TODAY.

I SLEPT ____ HOURS LAST NIGHT.

SOME OF TODAY'S ACTIVITIES THAT GOT ME MOVING!

TODAY I FELT HAPPY ABOUT:

THINGS I CAN WORK ON TOMORROW:

DATE: _____

WHAT I ATE TODAY:

BREAKFAST: LUNCH: DINNER:

_____   _____   _____

_____   _____   _____

_____   _____   _____

SNACKS: _____

I DRANK ____ GLASSES OF WATER TODAY.

I SLEPT ____ HOURS LAST NIGHT.

SOME OF TODAY'S ACTIVITIES THAT
GOT ME MOVING!

TODAY I FELT HAPPY ABOUT:

THINGS I CAN WORK ON TOMORROW:

DATE: _____

What I ate Today:

Breakfast: Lunch: Dinner:

_____   _____   _____

_____   _____   _____

_____   _____   _____

Snacks: _____

I Drank ____ glasses of water today.

I slept ____ Hours last Night.

Some of today's activities that got me moving!

Today I felt Happy about:

Things I can work on tomorrow:

Made in the USA
Las Vegas, NV
28 January 2021